KB210558

그분이 나의 영혼에
아름다운 빛깔을 담아놓았다

그분이 나의 영혼에
아름다운 빛깔을 담아놓았다

발행일 2024년 11월 5일 초판 1쇄

글·그림 윤민식
발행인 고영래
발행처 (주)미래사

주소 서울시 마포구 토정로 195–1 정우빌딩 3층
전화 (02)773-5680
팩스 (02)773-5685
이메일 miraebooks@daum.net
등록 1995년 6월17일(제2016-000084호)

ISBN 978-89-7087-160-8 (03230)

그분이
나의 영혼에
아름다운 빛깔을
담아놓았다

글 · 그림 윤민식

미래사CROSS

최초에 인간의 의사 표현 수단은 문자가 아니었다.

문자 이전에 말이 있었고, 그림이 있었다.

선사시대 암각화가 그 증거다.

사회가 발전하면서 문자가 생겼고, 그림은 그다음이 되었다.

문자가 정확한 의사 전달을 하게 되었기 때문이다.

그러나 여전히 그림은 내면의 감정을 풍요롭게 전달하는 장점으로 인해 음악과 함께 인간의 삶 속에 필수 요소로 함께하고 있다.

윤민식은 평생 환쟁이의 삶을 살았다.

인생의 아름다움, 꿈, 빛의 세계를 추구하는 그림을 그려왔다.

그리고 이제 그림만으로 다 그려낼 수 없었던 사랑과 꿈, 신앙의 이야기를 풀어놓는 수상집을 내게 되었다.

작가는 사랑을 그리는 여자, 하늘을 날고 싶은 여자인 동시에 하나님과 동행하고 싶은 여자이다. 아름다운 그림과 함께 가슴 깊이 간직해온 믿음의 이야기를 풀어냈다.

글을 읽고 그림을 감상하는 독자들에게 하늘 가는 길이 열리고 사랑이 영글기를 기도하며 기쁨으로 추천한다.

정성진 목사
크로스로드 이사장

그분이 나의 영혼에 아름다운 빛깔을 담아놓았다

윤민식 권사님은 그림을 통해 하늘의 길을 찾아가고, 그 길 속에서 만난 하나님을 기쁨으로 표현하는 작가입니다. 비록 인생의 겨울, 매서운 칼바람을 맞으며 걸어가는 인생길이지만 '봄을 품은 겨울'처럼 그림 속에서 봄을 기대하고 평안을 찾아가리라는 희망을 묵상하게 합니다.

그렇게 만난 봄이 어느새 우리를 하나님을 닮아가는 회복의 언덕으로 안내하는 듯합니다. 화평, 절제, 소망, 인내, 온유, 기쁨으로 가득 채워진 사랑의 공동체 (……) 서로를 축복하는 진정한 사랑이 머무는 곳 (……) 그곳은 서로를 향한 눈물의 기도가 있는 곳임을 알기에 함께 중보자가 되어 살아가길 희망하는 작가의 아름다운 정원으로 초대하는 듯합니다.

윤민식 권사님의 작품은 크고 작은 하트와 꽃무늬의 어울림, 모든 종류의 다양함을 담아내면서도 자기 위치를 지키려는 질서가 있어 안정감을 줍니다. 그리고 전체 여백에서도 의미를 담아내려는 꼼꼼함이 느껴져 작가의 온 마음과 정성이 감동을 줍니다.

사랑이 꽃피는, 아니 사랑이 피어날 수밖에 없는 따뜻한 색감과 부드러운 터치감은 누구도 미워할 수 없는 정서적 행복감을 줄 뿐 아니라 그의 정원에서는 누구라도 행복할 것 같은 기대를 안겨줍니다. 이런 행복을 느끼게 해주신 권사님께 감사합니다. 한 가지 바람이 있다면 권사님의 아름다운 작품들이 많은 이에게 알려지고 전해져서 상처 입은 이들에게는 치유를, 지친 이들에게는 새 힘을, 낙심한 이들에게는 희망을 전해주는 주님의 도구로 쓰임받기를 기도합니다.

아름다운 계절, 가을을 보내며 ……

곽승현
거룩한빛광성교회 위임목사

그분이 나의 영혼에 아름다운 빛깔을 담아놓았다

그분이 나의 영혼에 아름다운 빛깔을 담아놓았다. 그 빛깔을 꺼내 물감을 풀고 색을 칠하며 삶을 그려내는 것은 그분을 향한 영광스러운 노래이다.

그림을 그리기 전 세 번의 밑 작업은 우리의 죄 사함의 과정이다. 먼저 순결한 아담을 상징하는 하얀 캔버스 위에 검은 물감을 칠하는데 그것은 선악과를 따 먹고 죄로 물든 것을 표현한다. 그 뒤 보혈을 상징하는 붉은 물감을 칠하는데 그것은 아담의 죄 위에 덮으며 예수 그리스도의 십자가 은혜를 나타낸다. 마지막으로 흰색 물감으로 거룩한 인간을 담아내고 본작업을 시작한다.

보이지도 않고 볼 수 없는 그 번거로운 작업 과정을 거치는 것은 내가 그리스도의 십자가 은혜와 구원을 믿고 마음으로 받아들이는 것이고, 나만의 믿음의 고백이다.

캔버스라는 공간에서 그분은 늘 친밀하고 따뜻하게, 때론 단호하고 거룩하게 다가오신다. 관계의 어려움으로 힘들어할 때는 친구가 되어 회복의 모양으로 다가오시고, 은혜로 충만할 때는 형형색색으로 사랑을 표현하시며, 홀로 외로워할 때는 사랑 가득한 말씀을 들려주신다. 그분의 생명수를 마시며 그분의 음성을 듣고 내 안의 아픔과 상처를 쏟아낸다. 그리고 고통과 절망의 뿌리를 찾고 치유받는 것이 삶의 기쁨이다.

또한 세상에 묶이지 않고 진정한 자유자로 사는 법을 배우고 연습하며, 거룩한 옷을 입고 사랑할 수 없는 자를 사랑하는 은혜를 누린다. 넘어지고 쓰러져도 다시 일으키시는 신실한 사랑은 악에서 돌아서게 하며, 정죄의 옷을 벗고 다른 삶을 이해하고 받아들이는 축복의 자리에 세워주신다. 이런 형형색색의 삶의 모습이 그분의 사랑이라는 여과기에 걸러져 아름다운 색과 형과 공간으로 재해석돼 나의 작품에 투영되었다. 이는 하나님과 함께 당신에게 쓰는 나의 영혼의 편지이다.

　이 영혼의 편지가 기쁨과 평안과 감사로 가득 채워져 진정한 사랑으로 기억되길 소망한다.

윤민식

Chapter **3**

하나님을 만나다

Chapter **4**

하나님과 거닐다

너는 마음을 다하고
뜻을 다하고 힘을 다하여
네 하나님 여호와를 사랑하라

신명기 6장 5절

사랑을 그리는
잇샤

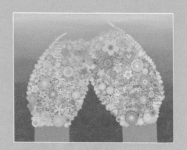

사랑

당신의 벗이 될 거예요
당신의 길이 될 거예요
당신의 빛이 될 거예요
당신의 생명이 될 거예요
그리고
당신의 영원한 나라가 될 거예요

사랑을 그리는 잇사

다시 반짝이자

지혜 있는 자는 궁창의 빛과 같이 빛날 것이요

많은 사람을 옳은 데로 돌아오게 한 자는

별과 같이 영원토록 빛나리라

다니엘 12장 3절

그분이 나의 영혼에 아름다운 빛깔을 담아놓았다

사랑을 그리는 잇샤

서로 사랑하라

사랑이 고팠나 보다

위로가 고팠나 보다

심장을 수도 없이 그리고 있는 걸 보니……

그분이 나의 영혼에 아름다운 빛깔을 담아놓았다

사랑을 그리는 잇샤

푸른 의의 나무

복 있는 사람은 악인들의 꾀를 따르지 아니하며

죄인들의 길에 서지 아니하며

오만한 자들의 자리에 앉지 아니하고

오직 여호와의 율법을 즐거워하여

그의 율법을 주야로 묵상하는도다

그는 시냇가에 심은 나무가

철을 따라 열매를 맺으며

그 잎사귀가 마르지 아니함 같으니

그가 하는 모든 일이 다 형통하리로다

시편 1편 1-3절

그분이 나의 영혼에 아름다운 빛깔을 담아놓았다

사랑을 그리는 잇사

인내를 온전히 이루라 이는 너희로 온전하고 구비하여

조금도 부족함이 없게 하려 함이라

야고보서 1장 4절

오래 참으시는 사랑

내 영혼이 어찌할 수 없는 일에 개입하시고

바로잡아 주시는 하나님

내 영혼의 방황을 이해하시고

기다려 주시는 하나님

내 영혼의 깊은 어둠에 들어오셔서

빛이 되어 주시는 하나님

내 영혼의 깊은 슬픔을 아시고

위로해 주시는 하나님

내 영혼의 잘됨을 위해 말할 수 없는

탄식으로 기도하시며

영원히 변하지 않는

금빛 사랑으로 오시는 하나님

……

그 큰 사랑을 제가 놓지 않도록 붙잡아 주세요

의의 길

내 영혼을 소생시키시고

자기 이름을 위하여 의의 길로 인도하시는도다

시편 23편 3절

그분이 나의 영혼에 아름다운 빛깔을 담아놓았다

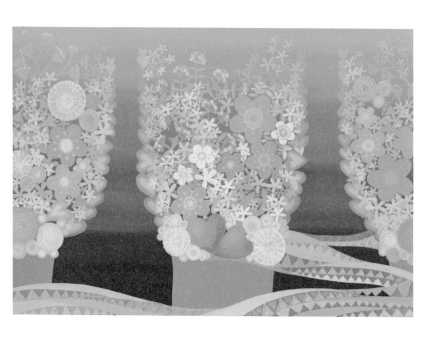

사랑을 그리는 잇사

하나님의 축복이
너를 향하여 흐르기를

내 사랑하는 아들아,
하나님을 사랑하고 섬기는
믿음의 사람이 되길 축복한다.
전쟁의 주인이신 하나님과 함께
승리하는 사람이 되길 축복한다.
네 삶을 하나님께 맡기는 지혜로
평안을 얻는 사람이 되길 축복한다.
하나님의 겸손과 온유를
본받는 사람이 되길 축복한다.
이 모든 축복이 너를 향해 흘러가기를
간절히 기도한다.

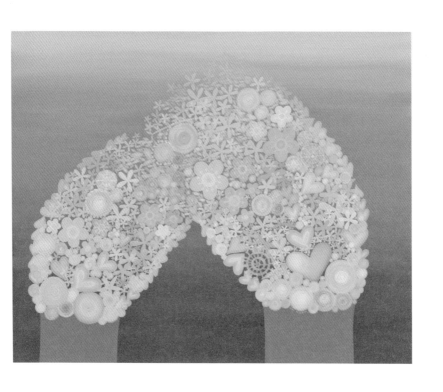

오직 성령의 열매는 사랑과 희락과 화평과 오래 참음

과 자비와 양선과 충성과 온유와 절제니 이같은 것을

금지할 법이 없느니라

갈라디아서 5장 22-23절

그분이 나의 영혼에 아름다운 빛깔을 담아놓았다

성령의 꽃

우리 안에서 하나님의 법과 죄의 법이

갈등하는 마음의 전쟁은

계속해서 우리를 괴롭게 하겠지만

그때마다 성령의 은혜를 구하며 나아가

그리스도의 향기를 발하는 성령의 꽃을 피우자

봄을 품은 겨울

겨울이 깊다는 것은 봄이 문 앞에 와 있다는 것이다.
지금의 삶이 두려움과 고통으로 가득하여 서러운
가슴으로 매서운 찬 바람 앞에 홀로 서있는 그대여!
서럽고 지독한 외로움 속에 있을지라도
우리 안에 봄을 품고 잠잠히 때를 기다리는 꽃씨가
남아 있음을 기억하자.

겨울이 혹독히 추울수록 아름다운 빛깔과 향기를
가진 꽃을 피운다.
지금 추운 겨울을 보내고 있는 나, 너 그리고 우리
삶에 온 사방을 환하게, 향기롭게 할 꽃을 피울
준비가 되어 있음을 기억하고 감사하자. 기뻐하자.
설레는 마음으로 기대하자.
이제 봄이 얼마 남지 않았다.

사랑을 그리는 잇사

기쁨의 노래

은혜의 단비가 마음을 적시니

우리 안에서 감사의 꽃이 활짝 피어나

내 영혼이 부활을 찬양하니

온 땅과 온 하늘에

기쁨의 노래가 울려 퍼진다.

사랑을 그리는 잇샤

자유

완전한 자유는

완전하신 하나님만이 줄 수 있는 능력이다.

그분이 나의 영혼에 아름다운 빛깔을 담아놓았다

사랑을 그리는 잇사

희락

완전한 희락은
기쁨의 근원 되신 하나님만이
주실 수 있는 선물이다.

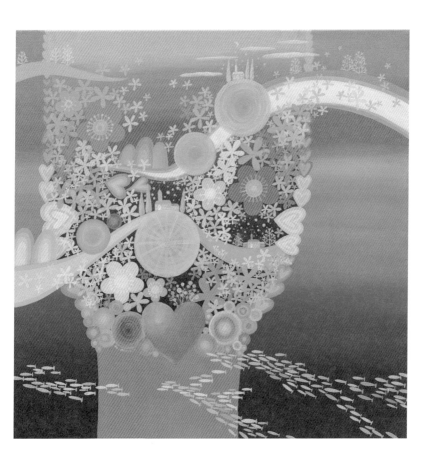

사랑을 그리는 잇샤

사랑의 기쁨

늘 마음 깊이 서로를 헤아리고
기도의 동역자들과 함께하는 일상,
서로의 눈빛만 봐도
마음이 힘든지 몸이 아픈지 고민이 있는지
알 만큼 가까운 사이,
감사하고 사랑해요.
오랫동안 한결같이 그 자리 지키며
기쁨 안에서 함께해요, 우리.
우리 사이만큼
그림에도 사랑과 행복이 가득하네요.

그분이 나의 영혼에 아름다운 빛깔을 담아놓았다

사랑을 그리는 여자

영원히 변치 않는 하나님의 고귀한 사랑과
치유와 회복을 꽃으로 표현하고 있다.
그리고 기쁨의 빛깔로 꽃에 색을 입히는 시간을
무한히 사랑하고 즐긴다.
그림을 그리는 사랑의 행위를 통해
삶의 목적이 되신 하나님을 매일매일 만난다.

그분이 나의 영혼에 아름다운 빛깔을 담아놓았다

사랑을 그리는 잇사

사랑의 언덕

이해하고
용납하고
기다려주는
아름다운 사랑의 언덕에서 우리 만나자.
그곳에서 영원히 지지 않는 별이 되어
다시 사랑하자.

사랑을 그리는 잇샤

또 여호와를 기뻐하라 그가 네 마음의 소원을 네게
이루어 주시리로다 네 길을 여호와께 맡기라 그를 의지
하면 그가 이루시고 네 의를 빛 같이 나타내시며 네 공의
를 정오의 빛 같이 하시리로다

시편 37편 4-6절

그분이 나의 영혼에 아름다운 빛깔을 담아놓았다

사랑의 환희

왜 이리 기쁠까요?

무엇이 이토록 나를 웃게 할까요?

기쁨이 봇물 터지듯

나와 사방을 환희로 가득하게 할까요?

사랑이네요.

사랑이네요.

사랑이네요.

날 사랑한다는 그 말 때문이네요.

2024.min.siK

꿈꾸는 나무

내 아들아

내 말을 지키며 내 계명을 간직하라

내 계명을 지켜 살며 내 법을 네 눈동자처럼 지키라

이것을 네 손가락에 매며 이것을 네 마음판에 새기라

잠언 7장 1-3절

그분이 나의 영혼에 아름다운 빛깔을 담아놓았다

기쁨의 정원

내 영혼은 아름다운 빛깔이 되고
나의 사랑은 꽃이 되어 피었다.
회복과 치유로 생기를 되찾은 물고기들이
마음속에 하늘의 언어로
기쁨을 수놓는다.

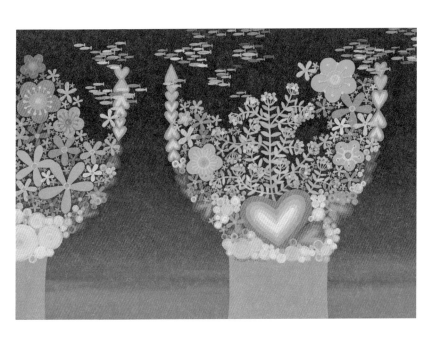

사랑을 그리는 잇사

사랑이 불어온다

불안해하는 나에게
두려워하는 나에게
걱정하고 근심하는 나에게
무기력에 빠져 의심하는 나에게
사랑의 바람이 불어온다.
내 영혼을 따뜻이 감싸는
사랑의 노래를 부르며
사랑의 바람이 불어온다.

그분이 나의 영혼에 아름다운 빛깔을 담아놓았다

사랑을 그리는 잇샤

시와 찬송과 신령한 노래들로 서로 화답하며 너희의

마음으로 주께 노래하며 찬송하며

에베소서 5장 19절

그분이 나의 영혼에 아름다운 빛깔을 담아놓았다

일상

꽃처럼 향기롭고

별처럼 반짝이고

새처럼 노래하고

사랑하며 기뻐하며

매일매일 그분과 함께하는

아름다운 일상을 꿈꾸며……

내가 여호와를 기다리고 기다렸더니
귀를 기울이사 나의 부르짖음을 들으셨도다
나를 기가 막힐 웅덩이와 수렁에서 끌어올리시고
내 발을 반석 위에 두사 내 걸음을 견고하게 하셨도다

시편 40편 1-2절

하늘 문이
열리는 시간

오병이어의 기적

오병이어의 기적을 묵상할 때마다
가슴이 따뜻해지고 기쁨과 감사가 내 영혼을 감싼다.
물고기 두 마리와 보리떡 다섯 개로
오천 명을 먹이고도 열두 광주리를 가득 남게 하신
예수님의 놀라운 사랑의 기적,
배고프고 허기진 그들의 육과 영을 배불리 먹이신
그 기적이 2천 년이 지난 지금
내 삶 속에서 계속되고 있음을 느낀다.

나의 사랑하는 두 아이가 자라는 모습 속에서
늘 따뜻한 남편의 눈빛과 가슴속에서
꿈꾸는 제자들의 웃음 속에서
연약한 나의 기도와 눈물 속에서
상상할 수 없을 만큼
풍성하게, 깊게, 넓게 역사하심을 느낀다.

믿음에 거하기를 꿈꾸는 주의 자녀안에서

오병이어의 기적이 끊임없이 일어나고 있음을

믿는다.

묵상의 기쁨

기도와 말씀이 사라지고
주님이 내 곁에 계시지 않는다고 생각될 때
나는 메마른 사막의 모래바람을 맞으며
목적지도 모른 채 걷고 있다는 깊은 절망에 빠진다.

그런 절망에 빠지지 않기 위해 깨어서 기도하고
쉼 없이 말씀을 묵상해야 한다는 것을 안다.

묵상이 깊어지면 깊어질수록
내 삶 속에
내 가정에
내 영혼에
아름다운 꽃이 가득 피어나 찬양하고
초록이 무성히 자라나 기쁨의 동산이 된다.

그분이 나의 영혼에 아름다운 빛깔을 담아놓았다

그 동산은 누가 만들 수 있을까?

그 동산의 주인은 누구일까?

그 동산에 누구를 초대하여

기쁨과 감사의 잔치를 벌여야 할까?

하늘 문이 열리는 시간

주 안에 있을 때, 주 밖에 있을 때

주님을 깊이 만나기 전

내 모습은 늘 가시가 돋아 있어

나 자신을 찌르고, 가족을 찌르고,

형제자매를 찌르고

나만 아프다는 깊은 슬픔에 빠져

그 아픔을 다른 사람 탓으로 돌렸다.

그 깊은 어둠 속에 있으면서도

그 어둠을 깨닫지 못했다.

어느 날 상처투성이인 나에게 주님이 찾아오셔서

나를 찌르는,

가족과 형제자매를 찌르는

커다란 가시를 품은 나를

주님의 따뜻한 가슴과 두 팔로 꼭 껴안아 주셨다.

육신 가시, 미움 가시, 가식 가시, 아픔 가시,

원망 가시, 질투 가시, 높음 가시, 돈 가시, 자랑 가시,

열등 가시, 자녀 욕심 가시……

그 많은 가시를 주님의 보혈로

조금도 아프지 않게 다듬어 주시니

은혜와 사랑이 내게 가득 넘친다.

죄의 가시가 다시 자리 잡지 못하도록,

커가지 못하도록

늘 주님의 사랑과 은혜가

나를 향해 흐르기를 소망한다.

바벨탑

하늘을 찌를 듯한 높은 욕심,
나만이 할 수 있다는 교만한 마음,
바벨탑은 구약시대에도
21세기에 사는 우리의 마음 안에도
끊임없이 세워지고 있다.

자녀 바벨탑
학력 바벨탑
물질 바벨탑
권력 바벨탑
음란 바벨탑
우리 안의 바벨탑이 높아질수록
주님은 우리에게서 멀어지신다.

그럴 때 예수님의 심장이 까맣게 타들어 감을 느낀다.

예수님의 아픈 심장이 느껴지지만

욕심과 교만이 우리 마음을 지배하기에

우리는 오늘도 자신의 바벨탑을

다른 이의 바벨탑보다

높고 크고 웅장하게 지으려 애쓰고 있지는 않은가?

아벨과 가인의 제사

가장 탐스러운 것

가장 아름다운 것

가장 소중한 것

누구에게도 주고 싶지 않고 빼앗기고 싶지 않은 것

그것을 드릴 수 있는 믿음의 제사를

나는 드리고 있는가?

쓰다 버려도 되는 것

쓸모없는 것

없어도 되는 것

먹다 남은 것

누구에게 주어도 아깝지 않은 것

혹시 나는 이런 믿음의 제사를 드리고

있지 않은가?

아벨과 가인의 제사에서

나는 무엇을 느끼고 회개해야 하는가?

겨자씨

또 비유를 들어 이르시되

천국은 마치 사람이 자기 밭에 갖다 심은

겨자씨 한 알 같으니

이는 모든 씨보다 작은 것이로되

자란 후에는 풀보다 커서 나무가 되매

공중의 새들이 와서 그 가지에 깃들이느니라

마태복음 13장 31-32절

하늘 문이 열리는 시간

내 믿음의 그릇

예수님은 우리를 그릇에 비유하셨다.
쓸모 있는 그릇과 바깥에 버려져야 하는 그릇
금 그릇과 질그릇의 차이가 아니다.
그 그릇 안에 무엇이 담기느냐에 따라
그릇의 가치가 정해진다고 하셨다.

아무리 아름다운 금 그릇일지라도
더럽고 속된 것이 담겨 있으면
그 그릇은 쓸모없이 버려지는 그릇이 되고,
비록 보잘것없는 질그릇일지라도
깨끗하고 아름다운 것을 담으면
귀하고 쓸모 있는 그릇이 된다.

믿음의 그릇에 무엇을 담아야 할까?
주님이 원하시는 삶의 향기와 모습이

나의 그릇에 가득 차고 넘쳐

가정에 흘러가고 형제자매에게 흘러가고

세상 끝까지 흐를 수 있기를…….

아름다움을 바라보며

내가 여호와께 바라는 한 가지 일 그것을 구하리니
곧 내가 내 평생에 여호와의 집에 살면서
여호와의 아름다움을 바라보며 그의 성전에서
사모하는 그것이라

시편 27편 4절

그분이 나의 영혼에 아름다운 빛깔을 담아놓았다

하늘 문이 열리는 시간

주 앞에서 낮추라 그리하면 주께서 너희를 높이시리라

야고보서 4장 10절

그분이 나의 영혼에 아름다운 빛깔을 담아놓았다

고요한 시간

홀로 당신 앞에 섭니다.
고요히 흐르는 침묵이 따뜻합니다.
나지막이 들리는 당신의 부드러운 음성이
평안을 줍니다.
이제는 혼자가 아닌 함께여서 행복합니다.
허무함과 두려움, 아픔의 근원까지 고쳐주시니
감사합니다.
부족한 나를 귀히 여기시고 인정해 주시니
소망이 생깁니다.
나는 당신의 자녀입니다.
나는 혼자가 아닙니다.
지금처럼 늘 나는 당신과 함께
거닐고 싶습니다.

아침 묵상

내 거룩한 산 모든 곳에서
해 됨도 없고 상함도 없을 것이니
이는 물이 바다를 덮음 같이
여호와를 아는 지식이 세상에 충만할 것임이니라

이사야 11장 9절

그분이 나의 영혼에 아름다운 빛깔을 담아놓았다

91

하늘 문이 열리는 시간

네 하나님 여호와를 섬기라 그리하면 여호와가 너희의

양식과 물에 복을 내리고 너희 중에서 병을 제하리니

출애굽기 23장 25절

그분이 나의 영혼에 아름다운 빛깔을 담아놓았다

나의 찬미

작업실에 앉아 쉬지 않고 그림을 그리다
붓을 내려놓고는
여기저기 물감 묻은 손을 캔버스에 얹고 기도했다.

나에게 베풀어 주신
주님의 평안이, 위로가, 기쁨과 소망이, 일어섬이
곳곳에 묻어 있기를.

나의 눈물과 아픔을
희락으로, 찬양으로 바꾸시고
감사로 채우신 것처럼
보는 이들의 삶 속에 놀라운 회복과
사랑의 노래가 이어지기를.

사랑의 노래

내 영혼아 여호와를 송축하라
내 속에 있는 것들아
다 그의 거룩한 이름을 송축하라
내 영혼아 여호와를 송축하며
그의 모든 은택을 잊지 말지어다

시편 103편 1-2절

그분이 나의 영혼에 아름다운 빛깔을 담아놓았다

하늘 문이 열리는 시간

예배하는 삶

주님의 눈동자 속에
내가 들어앉아 있다.

지친 내 영혼을 어루만지시며
무거운 짐을 내려놓으라 하신다.

주님의 어깨에 기대어
편히 쉬라 하신다.

그분이 나의 영혼에 아름다운 빛깔을 담아놓았다

하늘 문이 열리는 시간

복음의 향기

외로운 당신에게
친밀함으로,
지쳐 있는 당신에게
사랑의 수고로,
삶의 의미를 찾는 당신에게
구원의 복음으로 찾아갈게요.

그분이 나의 영혼에 아름다운 빛깔을 담아놓았다

하늘 문이 열리는 시간

평안

평안을 너희에게 끼치노니
곧 나의 평안을 너희에게 주노라
내가 너희에게 주는 것은
세상이 주는 것과 같지 아니하니라
너희는 마음에 근심하지도 말고 두려워하지도 말라

요한복음 14장 27절

그분이 나의 영혼에 아름다운 빛깔을 담아놓았다

저 높은 곳을 향하여

주님께 가는 길에
보혈을 덮어 주소서

죄의 모양을 날마다 하나씩 지워가는
성결을 덧입혀 주소서

하늘의 뜻을 깨닫고
그 뜻에 순종하게 하소서

말씀의 능력으로
시험과 유혹을 이기게 하소서

거룩한 그 나라 갈 때까지
주님의 형상으로 빚어 가소서

그분이 나의 영혼에 아름다운 빛깔을 담아놓았다

낮에 뜨는 별 I

밝은 빛 속에서
더욱 밝고 환하게 빛나는
별들의 노랫소리가
내 영혼에 꽃씨를 뿌리고 지나가는
행복한 오후

하늘 문이 열리는 시간

낮에 뜨는 별 II

그의 정원에서
하늘을 촘촘히 수놓은
꽃처럼 아름답게 피어
빛나는 아침에 뜨는 별을 보았다.

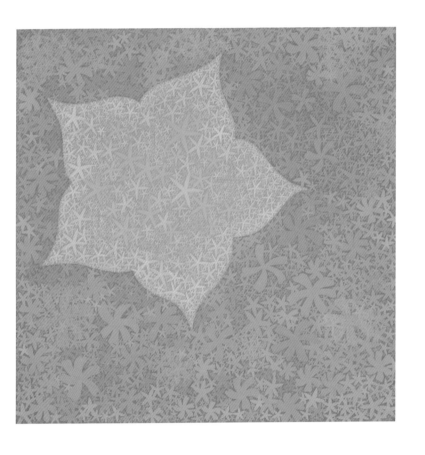

하늘 문이 열리는 시간

낮에 뜨는 별 III

꽃을 사랑하는 사람

꽃이 사랑하는 사람

그 이름

예수

그분이 나의 영혼에 아름다운 빛깔을 담아놓았다

하늘 문이 열리는 시간

축복의 촛대

성령의 임재가 있는 곳
주님의 보혈이 묻어 있는 곳
주님의 간절함이 눈물 되어 고여 있는 곳
주님의 애절한 사랑이 보석처럼 빛을 내는 곳
그곳에서 주님을 예배합니다.
그곳에서 주님께 기도합니다.
제가 주님을 사랑합니다.

그분이 나의 영혼에 아름다운 빛깔을 담아놓았다

하늘 문이 열리는 시간

빛으로

광명같이 밝은 영혼을 꿈꾸며

매일 말씀 앞에 앉는다.

말씀에 비친 내 모습은 작고 초라하다.

여전히 죄에 반복적으로 넘어지는 모습에

피하고 싶고 숨고 싶을 때가 있다.

나에게, 우리에게

피하지 말고 숨지 말고

말씀을 묵상하고 읊조리며

마음에 새기라 하신다.

말씀의 전신 갑주를 입으라 하신다.

숨을 쉬듯 계속 기도하라 하신다.

매일 빛으로 인도하리라 약속하신다.

그분이 나의 영혼에 아름다운 빛깔을 담아놓았다

하늘 문이 열리는 시간

하나님이 세상을 이처럼 사랑하사

독생자를 주셨으니

이는 그를 믿는 자마다 멸망하지 않고

영생을 얻게 하려 하심이라

요한복음 3장 16절

하나님을
만나다

축복의 땅 I

그들이 이제는 더 나은 본향을 사모하니

곧 하늘에 있는 것이라

이러므로 하나님이 그들의 하나님이라

일컬음 받으심을

부끄러워하지 아니하시고

그들을 위하여 한 성을 예비하셨느니라

히브리서 11장 16절

그분이 나의 영혼에 아름다운 빛깔을 담아놓았다

하나님을 만나다

축복의 땅 Ⅱ

우리는 그의 약속대로 의가 있는 곳인

새 하늘과 새 땅을 바라보도다

베드로후서 3장 13절

그분이 나의 영혼에 아름다운 빛깔을 담아놓았다

121

여호와는 네게 복을 주시고 너를 지키시기를 원하며

여호와는 그의 얼굴을 네게 비추사 은혜 베푸시기를 원하며

여호와는 그 얼굴을 네게로 향하여 드사 평강 주시기를

원하노라 할지니라 하라

민수기 6장 24-26절

그분이 나의 영혼에 아름다운 빛깔을 담아놓았다

축복의 땅 Ⅲ

만일 땅에 있는 우리의 장막 집이 무너지면

하나님께서 지으신 집 곧 손으로 지은 것이 아니요

하늘에 있는 영원한 집이

우리에게 있는 줄 아느니라

고린도후서 5장 1절

사랑의 편지

이제야 알 것 같아요.

우리에게 주어진 이 시간이 얼마나 소중한지

이제야 알 것 같아요.

사랑하는 사람과 함께 하는 행복의 소중함을

이제야 알 것 같아요.

우리에게 헤어짐은 또 다른 소망이 된다는 것을

이제야 알 것 같아요.

우리가 영원히 지지 않는 꽃으로 피어난다는 것을

그분이 나의 영혼에 아름다운 빛깔을 담아놓았다

하나님을 만나다

붙드심

살아가다 보면 작은 일에도 마음이 쿵 하고
별것 아닌 일에 낙심하고 의기소침해질 때가 있다.
다른 사람들은 다 제 몫을 잘하며
든든히 세워져 가는데
"나는?", "나는 뭐지?" 하는 생각이 들 때
바람 앞의 풀처럼 흔들리고 요동칠 때
내게 말씀하신다.
흔들리는 너를 내 의로운 오른손으로
붙들고 있으니 힘을 내라고,
죄책감과 자기 연민을 벗어 버리고
나를 바라보라고,
네가 그토록 바라는 기쁨의 땅을 향하여 갈 때
끝까지 붙들어 줄 테니 힘을 내라고,
포기하지 말라고 말씀하신다.

그분이 나의 영혼에 아름다운 빛깔을 담아놓았다

하나님을 만나다

그의 정원　Ⅱ

그와 사랑을 노래하는 곳

그의 정원에서

나는 영원히 지지 않는 꽃이 된다.

나는 영원히 반짝이는 별이 된다.

그분이 나의 영혼에 아름다운 빛깔을 담아놓았다

재 대신 화관을

재 대신 화관을
슬픔 대신 희락을
근심 대신 찬송을 주신
나의 하나님을 사랑합니다.

그분이 나의 영혼에 아름다운 빛깔을 담아놓았다

min sik

사랑이 내리다

굳은일을 기쁜 마음으로
사랑의 수고를 하는 사람들

자기의 것을 아낌없이
내어주는 긍휼의 사람들

영혼을 귀히 여기는
따뜻한 심장을 가진 사람들

하나님이 기뻐하는
그들의 삶에 사랑이 내린다.

그분이 나의 영혼에 아름다운 빛깔을 담아놓았다

"다시, 자유다!"

그림을 그린다는 것은
나에게 "다시, 자유다!" 외치는 함성이다.
그림을 그리며 사랑의 깊이를 쌓아 가고
삶의 방향을 찾아가기도 한다.
때로는 화가 나는 상황에서도 너그러워지고
망설임을 단호하게 끊어내는 결단의 행위를
가져오기도 한다.
매일 나는 나에게 말한다.
자유 속에서 시작도 될 수 있고 끝이 될 수 있는
"다시, 자유다!"

그분이 나의 영혼에 아름다운 빛깔을 담아놓았다

하나님을 만나다

함께

우리 함께 가요
지친 손잡고
꺾인 무릎 세워주며

우리 함께 가요
눈물 닦아주고
아픈 마음 위로해 주며

우리 함께 가요
행복이 찾아오면
마음껏 웃고 사랑하며

꼭 우리 함께 가요

그분이 나의 영혼에 아름다운 빛깔을 담아놓았다

어둠을 뚫고

두려움으로 마음이 무너져

일상의 시간이 멈추고 아무것도 할 수 없을 때

우리의 전부를 아시고 돌보시는 하나님께 맡기자.

우리를 붙들고 앞서가시며

어둠을 뚫고 밝은 빛 가운데로 옮겨 놓을 것이다.

그분이 나의 영혼에 아름다운 빛깔을 담아놓았다

하나님을 만나다

거룩한 행진

함께 찬양하며

함께 기도하며

함께 예배드리며

그의 나라와 의를 구하는

거룩한 행진을 멈추지 않게 하소서.

그분이 나의 영혼에 아름다운 빛깔을 담아놓았다

143
하나님을 만나다

야곱의 사다리 Ⅰ

야곱이 브엘세바에서 떠나
하란으로 향하여 가더니
한 곳에 이르러는 해가 진지라
거기서 유숙하려고 그 곳의 한 돌을 가져다가
베개로 삼고 거기 누워 자더니
꿈에 본즉 사닥다리가 땅 위에 서 있는데
그 꼭대기가 하늘에 닿았고

야곱의 사다리 Ⅱ

또 본즉 하나님의 사자들이 그 위에서

오르락내리락 하고

또 본즉 여호와께서 그 위에 서서 이르시되

나는 여호와니 너의 조부 아브라함의 하나님이요

이삭의 하나님이라

네가 누워 있는 땅을 내가 너와 네 자손에게 주리니

네 자손이 땅의 티끌 같이 되어 네가 서쪽과 동쪽과

북쪽과 남쪽으로 퍼져나갈지며

땅의 모든 족속이 너와 네 자손으로 말미암아

복을 받으리라

내가 너와 함께 있어 네가 어디로 가든지 너를 지키며

너를 이끌어 이 땅으로 돌아오게 할지라

내가 네게 허락한 것을 다 이루기까지 너를 떠나지

아니하리라 하신지라

야곱의 사다리 Ⅲ

야곱이 잠이 깨어 이르되

여호와께서 과연 여기 계시거늘

내가 알지 못하였도다

이에 두려워하여 이르되

두렵도다 이 곳이여

이것은 다름 아닌 하나님의 집이요

이는 하늘의 문이로다

하고

그분이 나의 영혼에 아름다운 빛깔을 담아놓았다

야곱의 사다리 Ⅳ

야곱이 아침에 일찍이 일어나
베개로 삼았던 돌을 가져다가 기둥으로 세우고
그 위에 기름을 붓고 그 곳 이름을
벧엘이라 하였더라
이 성의 옛 이름은 루스더라

그분이 나의 영혼에 아름다운 빛깔을 담아놓았다

야곱의 사다리 Ⅴ

야곱이 서원하여 이르되

하나님이 나와 함께 계셔서

내가 가는 이 길에서 나를 지키시고

먹을 떡과 입을 옷을 주시어

내가 평안히 아버지 집으로 돌아가게 하시오면

여호와께서 나의 하나님이 될 것이요

내가 기둥으로 세운 이 돌이 하나님의 집이 될 것이요

하나님께서 내게 주신 모든 것에서 십분의 일을

내가 반드시 하나님께 드리겠나이다

하였더라

아멘!

창세기 28장 10-22절

그분이 나의 영혼에 아름다운 빛깔을 담아놓았다

광야

생물이 자라기 힘들고 그늘도 없고
뜨겁게 타오르는 태양과 모래바람이 부는 곳,
밤이면 칠흑 같은 어둠과 추위로 가득한 곳,
외로움과 쓸쓸함만이 존재하는 곳,
오아시스를 찾지 못하면
목이 말라 죽고 마는 척박한 땅,
광야…….

혼자 버려지는 고난과 역경의 순간을 마주할 때
내 힘으로는 아무것도 할 수 없음을 인정하고
오직 하나님만 의지해야 살 수 있는 곳,
만나를 주시고 낮엔 구름기둥,
밤엔 불기둥으로 인도하시며
보호하시는 하나님의 은혜를 누리는 곳,
반석에서 샘물을 내시고 광야에 길을 내시는

그분이 나의 영혼에 아름다운 빛깔을 담아놓았다

사랑의 하나님을 만나는 곳,

광야…….

광야는 우리를 죽이는 곳이 아니라 살리는 곳이다.

인생의 올바른 방향을 찾아가는 곳이다.

인생의 목적을 알아 가는 곳이다.

동행하는 삶을 누리는 곳이다.

광야는 약속의 땅으로 인도하는 축복의 열쇠다.

너희가 너희의 땅에서 곡식을 거둘 때에 너는 밭 모퉁이

까지 다 거두지 말고 네 떨어진 이삭도 줍지 말며 네 포

도원의 열매를 다 따지 말며 네 포도원에 떨어진 열매

도 줍지 말고 가난한 사람과 거류민을 위하여 버려두라

나는 너희의 하나님 여호와이니라

레위기 19장 9-10절

그분이 나의 영혼에 아름다운 빛깔을 담아놓았다

오병이어의 기적

예수께서 이르시되 이 사람들로 앉게 하라 하시니

그 곳에 잔디가 많은지라 사람들이 앉으니

수가 오천 명쯤 되더라

예수께서 떡을 가져 축사하신 후에

앉아 있는 자들에게 나눠 주시고

물고기도 그렇게 그들의 원대로 주시니라

요한복음 6장 10-11절

따뜻한 시간

따뜻한 위로와
고요한 평안을 주시려고
다정한 모습으로 내게 오시네.

그분이 나의 영혼에 아름다운 빛깔을 담아놓았다

하나님을 만나다

사랑이 머무는 곳

사랑한다,

사랑한다,

사랑한다,

내가 너를.

고백하는 그분의 음성이

따뜻하고 다정하게

가슴 안에서 나지막하지만 정확하게

울려 퍼지는 시간.

그분이 나의 영혼에 아름다운 빛깔을 담아놓았다

하나님을 만나다

내가 주께 대하여 귀로 듣기만 하였사오나
이제는 눈으로 주를 뵈옵나이다

욥기 42장 5절

하나님과
거닐다

축복의 통로 I

내가 너로 큰 민족을 이루고

네게 복을 주어 네 이름을 창대하게 하리니

너는 복이 될지라

창세기 12장 2절

그분이 나의 영혼에 아름다운 빛깔을 담아놓았다

하나님과 거닐다

곧 너를 사랑하시고 복을 주사 너를 번성하게 하시되 네게

주리라고 네 조상들에게 맹세하신 땅에서 네 소생에게

은혜를 베푸시며 네 토지 소산과 곡식과 포도주와 기름

을 풍성하게 하시고 네 소와 양을 번식하게 하시리니

신명기 7장 13절

그분이 나의 영혼에 아름다운 빛깔을 담아놓았다

축복의 통로 Ⅱ

하나님이 주신 복을
온 땅에 흘려보내게 하소서

그리스도의 보혈로
온 열방을 사랑하게 하소서

주님의 사랑 앞에

주님의 사랑 앞에 섭니다
나의 사랑이 되소서

주님의 기쁨 앞에 섭니다
나의 기쁨이 되소서

주님의 소망 앞에 섭니다
나의 소망이 되소서

그분이 나의 영혼에 아름다운 빛깔을 담아놓았다

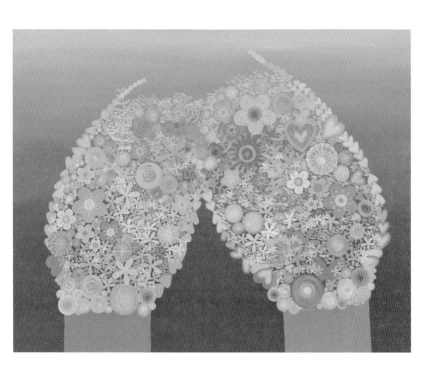

고난 속에서 피어난 사랑

연약함을 덮어 주시고 있어야 할 곳에 세워 주신 것
그 자리를 지킬 수 있는 용기와 인내를 허락하신 것
고난 앞에서 하나님을 신뢰하고 기도하게 하신 것
흔들리는 영혼을 붙드시고 반석 위에 세워 주신 것
절망 속에서 다시 일어설 수 있는 소망을 주신 것
슬픔 속에서도 기뻐할 수 있는 은혜를 베풀어 주신 것
고통 속에서 눈물을 삼키며 함께하심을 감사하게
하신 것
죄를 깨닫고 회개할 수 있는 기회를 주신 것
이 모든 것이 은혜입니다.
은혜입니다.

그분이 나의 영혼에 아름다운 빛깔을 담아놓았다

하나님과 거닐다

인내의 꽃

죄에 쉽게 넘어지기 때문에 기도합니다.

연약하여 요동치는 마음 때문에 기도합니다.

미움과 용서할 수 없는 마음 때문에 기도합니다.

본성대로 살지 않기 위해

탐심을 버리기 위해

말씀대로 살기 위해

거룩해지기 위해

정결한 자 되기 위해

순종하는 자 되기 위해

예수님의 사랑을 덧입고 사랑을 배우기 위해

기도하고 기도합니다.

나 같은 자에게 오래 참으시며

변화된 모습을 꿈꾸시고

포기하시지 않는 그 변함없는 사랑 때문에

기도합니다.

그분이 나의 영혼에 아름다운 빛깔을 담아놓았다

오늘도 저는 기도합니다.

내일도 계속해서 쉬지 않고 기도할 것입니다.

나의 기도는 포기하지 않는 그 사랑에 대한

화답이기 때문입니다.

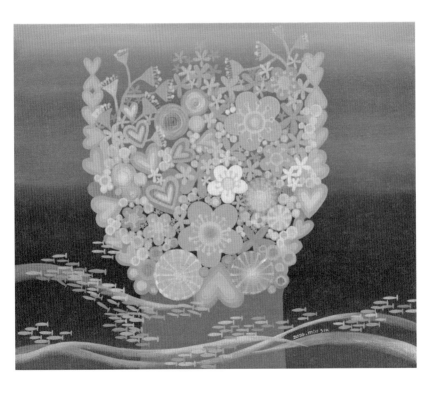

소망(평지가 되게 하소서)

불신앙과 우상의 골짜기

외로움과 고독의 골짜기

좌절과 실패의 골짜기

눈물과 아픔의 골짜기

가난과 궁핍의 골짜기

미움과 시기의 골짜기

화와 분노의 골짜기

악한 질병의 골짜기

예수의 보혈로 덮으사

평지가 되게 하소서.

그분이 나의 영혼에 아름다운 빛깔을 담아놓았다

채움

하나님의 언어로 채워 주소서
하나님의 지혜로 채워 주소서
하나님의 성품으로 채워 주소서
하나님의 능력으로 채워 주소서
하나님의 사랑으로 채워 주소서
하나님의 진리와 신령한 것으로
가득가득 채워 주소서

그분이 나의 영혼에 아름다운 빛깔을 담아놓았다

하나님과 거닐다

너희는 그 은혜에 의하여 믿음으로 말미암아 구원을
받았으니 이것은 너희에게서 난 것이 아니요 하나님의
선물이라 행위에서 난 것이 아니니 이는 누구든지
자랑하지 못하게 함이라

에베소서 2장 8-9절

그분이 나의 영혼에 아름다운 빛깔을 담아놓았다

은혜의 물결

하나님의 음성보다 사람의 말을,

하나님보다 자신을 믿고 사랑하며

내 뜻대로 교만하게 마음껏 즐거워하며 살았습니다.

주님과 더 멀어지기 전에 가시와 엉겅퀴로

나의 길을 막으시니 감사합니다.

가슴을 찢으며 눈물로 회개하는 저를 용서하시고

따뜻하고 다함없는 그 사랑을

기다리는 나에게 부어 주시니

그 은혜가 내 삶에 넘칩니다.

그 사랑이 내 삶에 넘칩니다.

24.2 Yun miu sik

온유

주님은 언제나 옳습니다.
단 한 번도 틀린 적이 없습니다.
그래서 힘들고 아프고
이해되지 않은 상황도
받아들입니다.

주님은 언제나 선합니다.
단 한 번도 악한 적이 없습니다.
그래서 죄를 깨닫고 돌아서는
기회를 주심을 감사하고
기뻐합니다.

그분이 나의 영혼에 아름다운 빛깔을 담아놓았다

하나님과 거닐다

기쁨의 꽃

마음을 덧칠하듯 색을 칠했다.

상처에 갖가지 색을 칠했다.

색을 입은 꽃이 활짝 피어 환하게 웃는다.

상처가 곱게 아물었나 보다.

그분이 나의 영혼에 아름다운 빛깔을 담아놓았다

하나님과 거닐다

기도

우리의 자녀들을 주님의 이름으로 축복합니다.

하나님의 말씀으로 마음의 상처와 아픔이

치유되게 하소서.

청년의 때를 방탕하게 보내지 않고

주님의 줄 그어준 땅에서 꿈꾸게 하소서.

게으르지 않고 부지런하고 성실하게

살아가게 하소서.

악한 자와 짝하지 않고 선을 따르며

주님의 말씀을 따라 살아가게 하소서.

고난과 역경 앞에서 하나님과 사람을

원망하거나 억울해하지 않게 하시고

자신을 돌아보며 하나님의 지혜와 방법으로

이겨내게 하소서.

성령의 인도하심 가운데 탐심과 욕망을 벗어 버리고

하나님의 생각보다 자기 생각을 믿는 교만에

그분이 나의 영혼에 아름다운 빛깔을 담아놓았다

빠지지 않게 하소서.

거짓된 즐거움과 기쁨에 속아

세월을 헛되이 보내지 않게 하소서.

자신의 부족함과 연약함을 알고

하나님을 의지하는 기도의 사람 되게 하소서.

거룩한 믿음으로 사랑과 화평을 이루며

주님의 은혜 안에 살아가게 하소서.

하나님을 믿는 축복의 사람! 사랑의 사람!

되게 하소서.

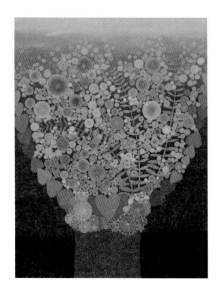

인내

보라 인내하는 자를 우리가 복되다 하나니

너희가 욥의 인내를 들었고

주께서 주신 결말을 보았거니와

주는 가장 자비하시고 긍휼히 여기시는 이시니라

야고보서 5장 11절

그분이 나의 영혼에 아름다운 빛깔을 담아놓았다

하나님과 거닐다

회복(꽃이 되다)

온종일 비가 내리는 날,

빗소리를 들으며

꽃들을 그렸어요.

기쁨 하나

희락 하나

소망 하나

화평 하나

웃음 하나

기도 하나

삶의 기억들을

빗소리를 듣듯 들어 주세요.

눈을 맞춰 주세요.

그분이 나의 영혼에 아름다운 빛깔을 담아놓았다

하나님과 거닐다

사랑이 꽃피는 나무

어디서 날아왔는지
사랑이라는 씨앗 하나가
뿌리를 내리고 자라기 시작했다.

물을 주고 바람도 맞게 해 주고
바람이 세게 불면 창문도 닫아 주고
따스한 햇볕도 쐬어 주고
정성을 다해 사랑해 주니
어느새 꽃을 피우기 시작했다.

크고 작은 꽃이 피기 시작하더니
꽃들이 만개했다.
내 안에서 사랑이 만개했다.

그분이 나의 영혼에 아름다운 빛깔을 담아놓았다

하나님과 거닐다

행복이 불어온다

내가 너를 기뻐해
내가 너를 응원해
내가 너를 사랑해
바람과 함께 들려오는 소리
행복한 바람이 분다.

그분이 나의 영혼에 아름다운 빛깔을 담아놓았다

하나님과 거닐다

회복의 언덕

깊이 팬 상처에
새살이 차오르고 아물면
고운 모습으로
회복의 언덕에서 만나자.

잊고 싶은 기억 하나하나
바람에 날려 보내고
웃음 지으며
우리 함께 가자.

그분이 나의 영혼에 아름다운 빛깔을 담아놓았다

사랑의 씨앗

마음에 사랑의 씨앗을 뿌렸어요.

마음을 정성스럽게 가꾸었어요.

마음에 사랑의 씨앗들이 자랐어요.

큰 나무로 자라 누군가의 그늘이 되네요.

아름다운 꽃들을 피우고 그 자리를 지키네요.

바람이 불면 꽃들이 바람에 날리며

상처 받은 마음을 찾아 떠나네요.

또 다른 사랑의 씨앗으로

또 다른 누군가의 그늘이 되어 줄

나무를 꿈꾸며……

그분이 나의 영혼에 아름다운 빛깔을 담아놓았다

중보자

영혼을 사랑하는 마음을 주소서.

영혼을 긍휼히 여기는 마음을 주소서.

신음하는 영혼을,

고통당하는 영혼을,

죽어가는 영혼을 위해

예수님처럼 기도하게 하소서.

그분이 나의 영혼에 아름다운 빛깔을 담아놓았다

믿음의 공동체

날마다 마음을 같이하여 성전에 모이기를 힘쓰고

집에서 떡을 떼며 기쁨과 순전한 마음으로

음식을 먹고 하나님을 찬미하며

또 온 백성에게 칭송을 받으니

주께서 구원 받는 사람을 날마다 더하게 하시니라

사도행전 2장 46-47절

그분이 나의 영혼에 아름다운 빛깔을 담아놓았다

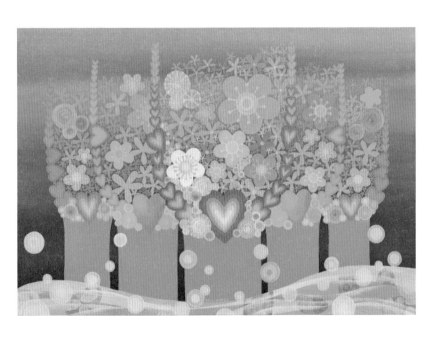

207

하나님과 거닐다

그의 정원 I

벗었음을 깨닫고

두려워 숨은 아담에게

가죽옷을 지어 입히신

하나님의 낯을 피하여 숨은 나에게도

가죽옷을 지어 입히셨다.

그 사랑을 찬양합니다.

그 은혜를 찬양합니다.

그분이 나의 영혼에 아름다운 빛깔을 담아놓았다

하나님과 거닐다

작가 윤민식은 아름답고 영롱한 빛과 같은 형태
로 세상을 그려낸다. 작가는 나무와 별, 해, 달, 하
트, 꽃잎 등 다양한 사물을 단순화시켜 아름다운 색
으로 옷 입힌다. 마치 동화와 잘 어울리는 순전하
고 순진함이 있는 작품이다. 그 색들은 사람들이 말
하는 파스텔조의 색으로 다채로우면서도 은은하게
꿈과 사랑을 품을 듯한 형태를 가득하게 만든다. 그
려진 그림들은 반짝이는 듯한 영롱한 물체와 사랑,
인내 등 상상할 수 있는 다양한 형태를 선보인다.

작가에게는 작품 제목도 참 중요하다. 다시 반짝
이자, 사랑, 인내, 소망, 그의 사랑, 연합, 채움, 희락,
기다림, 찬미, 기쁨의 빛깔, 묵상의 시간 등 명제도
매우 희망적이고 사랑이 넘친다.

요즘 미술은 때로는 악하고, 어둡고, 범죄와 충동, 짐승 같은 본능으로 가득한 데 반해 작가의 작품은 세상의 더러움을 씻어내고 마음을 따뜻하게 한다. 그 속에서 평안한 마음으로 사물을 관찰하게 한다. 특히 작품 〈사랑〉은 두 나무가 윗부분을 마주하고 있어 더 따뜻한 사랑의 마음을 느끼게 한다. 개개의 나무는 마치 축복받고 사랑받은 나무처럼 생명을 나타내거나 사랑과 꿈을 의미하는 형태로 가득하다.

나무, 그리고 다른 공간

나무는 두 손을 마주하고 양 손끝이 마치 하늘을 향해 열린 모습과 같다. 이는 손을 벌려 공간을 담는 것 같고, 하늘을 향해 열린 모습이다. 또 기도의 손이기도 하다. 이 두 형태는 서로 의지하는 모습이 되기도 한다. 그래서 사랑의 모습처럼, 때로는 하트처럼 나무가 서로 기대고 의지하는 것과 같다. 기도하는 손으로 보면 기도하는 행위를 의미하며, 끝은 채워지지 않고 열려 있어서 하나님과 소통하는 것 같다. 나무는 하트 모양과 유사해서 서로 의미적으로 유사하게 연관된다. 그래서 작가는 상징적 의미를 사용하면서도 유사에 의한 재현을 나타내기도 한다.

작가가 중요하게 제안하는 작품들은 '나무 연작'이다. 이 연작은 세로로 하늘을 향해 자라나기도 하며, 또 태초의 공간에 있었던 '생명'의 나무이기도 하다. 작가는 특히 사이프러스 나무를 다양한 풍경 속에 등장시킨다. 이는 하늘을 향한 사람의 마음을 포함하여 의인화된 것으로 나타난다. 작가의 작품에는 감람나무, 로뎀나무, 무화과나무, 버드나무 등 다양한 나무가 등장한다. 일반적으로 영원과 메시아를 상징하는 감람나무는 기도의 의미를 포함하며, 이 같은 기독교적 의미는 무화과나무, 버드나무 등의 형태와 상징적인 의미와도 연결된다.

작가가 그리는 풍경은 일상의 풍경이 아니다. 일반적인 풍경은 우리가 관찰자가 되어 자연과 세계를 대상화시켜 관찰하고 바라보는 것이나, 작가의 풍경은 마음과 바람, 상상 그리고 그 안에 주체가

삽입된 풍경화이다. 이러한 작품에서 나타나는 주체와 객체를 넘나드는 생각은 자유롭게 사람 사이의 인칭 문제까지도 넘어가게 하는 의미를 포함한다. 작가가 그리는 풍경에는 나무와 마을, 하늘과 별이 보이고, 꿈과 희망 등 사람들의 주관적인 마음이 포함되어 있다. 특히 작가의 신앙과 바람, 소망을 그려내는 작품이다. 이 속에, 작가는 빛과 진리 등 다양한 의미를 형상화한다.

별은 곧 꽃이다. 샤론의 꽃은 5개의 꽃잎을 가진다. 이것은 기독교인들에게는 예수님을 상징하므로 공간 공간을 아름답게 수놓는다. 참 놀라운 점은 이 꽃을 무궁화로 보는 사람도 있다는 것이다. 꽃잎의 개수 5는 예수님을 상징하기도 하고, 별과 같은 형태로 이중적 조형공간을 창출한다. 또 작품에서 등장하는 달은 인간의 지아를 나타내기도 한다.

물고기는 작가의 작품에서 많이 등장하는 소재이기도 하다. 자세히 보면 작가가 그린 물고기에는 눈이 그려져 있지 않다. 이는 우리는 다 소경 같아서 주님의 인도가 필요하다는 신앙 고백이기도 하다.

노란색, 보라색, 파란색, 주황색 등 물고기의 색도 다양하게 연출된다. 노란색은 왕의 자녀, 보라색은 하나님의 자녀, 파란색은 평화와 청결, 주황색은 사랑을 뜻한다. 꽃의 색에도 상징이 담겨 있다. 붉은 꽃은 우리를 향한 하나님의 사랑으로 보혈을 의미한다. 인간의 죄를 씻기 위해 제물이 되어 피 흘려 돌아가신 예수님의 피를 의미한다. 노란색은 왕 같은 제사장, 초록색은 거룩하려는 마음이며, 밤색은 흙 같은 안정을 의미한다. 또 파란색은 기쁨, 보라색은 신비한 사랑 등을 보여준다. 이와 같이 하나의 의미가 아니라 항상 복합적이고 풍부한 의미를 나타낸다.

작가의 미학, Theo-logy

작가의 이러한 작품은 두 가지 미학적 측면에서 주목된다. 하나는 위에서 보았듯이 상징이다. 이 상징은 사이프러스 나무에서도 동일하게 나타난다. 하늘을 향해 길게 높이 자라는 이 나무는 사람들의

그분이 나의 영혼에 아름다운 빛깔을 담아놓았다

신앙이라고 할 수 있다. 또한 사물의 수에서도, 3 또는 7에서도 이러한 의미가 나타난다. 3은 삼위일체 하나님을, 7은 완전수를 의미한다. 기독교인인 작가는 당연히 창조주 하나님과 그 사랑과 은혜, 구원주 예수님의 사랑으로 연결한다. 그래서 하나님에 대한 개인의 말(Theo-logy)로 찬양을 올린다.

　미술에서 모더니즘 이후 많이 제거하려 했던 전통, '상징'은 포스트모더니즘 이후 다시 등장하고 있다. 특히 작가에게는 이 상징이 중요한 의미를 지닌다. 구름이 거룩한 하나님의 임재를 설명하듯 작가의 상징 언어는 성경의 상징을 사용하는 경우가 많다. 작가는 이러한 관점에서 상징을 통해 보여주는 시각적 층위, 즉 아름다움의 계층에서 비시각적 의미를 파악하는 상태로 연결한다. 그 결과 시각적 상징이 언어화되고, 이 언어가 나타내는 대상에 관심을 가지게 한다. 결과적으로 의미가 아름다움을 만나게 된다. 단순하게 보여주는 세계의 가시성을 넘어 그 의미를, 관념과 개념을 넘어선 초월적 실체를 담으려 한다.

작가는 시각적인 내용으로 텍스트와 언술행위, 창작 행위 등에서 보편적으로 추측, 소통되는 상징을 사용함으로써 더 풍요로운 의미를 지닌다. 다시 보면 읽기와 보기를 동시에 충족시킨다. 특히 상징에는 그 의미를 더 오래 영속시키는 기능이 있는데, 작가는 이를 조형적으로 사용하고 있다. 작가는 형상과 상징의 의미를 넘어 표현의 아름다움을 전하고, 인간적인 존재의 의미를 넘어 초월적인 존재와 진리를 표현하는 아름다움을 담아낸다. 앞으로 가시적인 세계와 사유의 세계, 그리고 우리가 가지 못한 영적 세계를 윤민식 작가가 조형적으로 탐험해 나갈 것을 기대한다.

강태성
예술학 박사, AD gallery 대표